혼자 놀고 싶은 날

다른 그림 찾기

혼자 놀고 싶은 날

다른그림찾기

초판 1쇄 인쇄 2018년 8월 3일
초판 1쇄 발행 2018년 8월 10일

지은이 김용오
발행 ㈜조선뉴스프레스
발행인 이동한
편집인 방경록
기획편집 김화, 박영빈
판매 박경민
디자인 올디자인

문의 724-6726, 6729
등록 제301-2001-037호
등록일자 2001년 1월 9일
주소 서울특별시 마포구 상암산로 34 DMC 디지털큐브 13층(03909)

ISBN 979-11-5578-471-6 13690

삶을 아름답고 풍요롭게 만드는 도서를 출판하는 조선앤북에서는 예비 작가분들의 소중한 원고를 기다립니다.
블로그 blog.naver.com/chosunnbook
이메일 chosunnbook@naver.com

다른그림을 찾아 떠나는
세계 여행 40코스

혼자 놀고 싶은 날
다른
그림
찾기

김용오 지음

조선앤북

혼자 놀고 싶은 날,
휴식이 절실한 날엔 다른그림찾기 퍼즐을 풀면서
지구별을 여행하세요. 다른그림을 찾으며 홍콩의 도심도
슬렁슬렁 거닐고, 버킷 리스트에 올려두었던 카파도키아의 벌룬 투어도
마음껏 즐기고, 히피 버스에 폴짝 뛰어올라 신나게 악기도
연주해보는 거지요. 김용오 작가가 세계 일주 중에 그려 보낸
생생하고 강렬한 일러스트가 스트레스로 무뎌진 두뇌를 자극해
잠들어 있던 모험심과 상상력을 일깨워줄 거랍니다.

다른그림찾기 여행을 떠나는 데는
어떤 규칙도 필요 없어요. 무작위로 여행지를 선택해도 되고,
책을 훑어보다가 마음에 드는 장소에 멈춰도 된답니다.
어쩌면 그곳은 한 번쯤 가보고 싶었던 곳일 수도, 이미 가봤던 곳일 수도 있겠죠.
난이도는 EASY, NORMAL, HARD 세 단계예요.
낮은 단계를 시험 삼아 풀고 난 다음 점점 어려운 단계로 올라가도 되고,
곧바로 어려운 단계에 도전해도 괜찮답니다.
어느 것부터 시작하든 그것은 여행자의 선택!
연습이 끝나면 〈도전! 챔피언〉 코너를 펼치고 두근두근 챔피언에 도전해보세요.
제한 시간 안에 끝낸다면 당신은 진정한 다른그림찾기 챔피언!

다른그림을 모두 찾은 뒤에는 뒷장을 펼치고
컬러링 타임을 가져보세요. 편안히 눈을 감고 여행의 순간을 떠올리면서
나만의 색채와 이야기로 스케치를 물들이는 시간. 한 장 한 장 빠져들고
몰입하다 보면 지금까지와는 다른 휴식과 행복이 마음속에 깃들게 될 거예요.

어때요? 그러니까 지금 함께 떠나볼까요?

여행자를 위한 **HINT** ▶

❶ 다른그림을 찾는 동안에는 일상의 잡념을 모두 잊고 몰입해야 합니다.
모양뿐 아니라 색깔, 크기, 길이, 위치 등도 세밀하게 관찰할 필요가
있어요.

❷ 잘 찾아지지 않을 때는 긴 자를 활용해 가로세로로 훑아보면
한결 쉽답니다.

❸ 그림의 가장자리 5밀리미터 공간은 책마다 조금씩 다르게 제본 및 재단
될 수 있어서 다른그림을 숨겨두지 않았으니 참고하세요.

❹ 하나하나 다른그림을 찾을 때마다 상단의 체크 박스에 ✔를 하거나
부록의 마킹 스티커를 붙여주면 재미있어요.

❺ 좀 더 스릴 넘치게 즐기고 싶다면 작가가 제시한 제한 시간TIME LIMIT을
체크해보는 것도 좋겠네요. 시간 안에 미션을 완수하려면 여러 번의
훈련이 필요하답니다.

TIME LIMIT **5분**

EASY 02

방콕 에까마이 거리에 숨겨진
가상의 숲에서 다른그림 10개를
찾아보세요.

TIME LIMIT **5분**

EASY 03

방콕에서 최대 규모를 자랑하는
차뚜착 시장에서
다른그림 10개를 찾아보세요.

⏱ TIME LIMIT 5분

EASY 04

놀랍도록 정돈된 **싱가포르 도심**에서
다른그림 10개를 찾아보세요.

TIME LIMIT 5분

EASY 06

도쿄의 상징 스카이 트리 풍경에서
다른그림 10개를 찾아보세요.

TIME LIMIT 5분

EASY 07

고양이들의 동네 **도쿄 다이칸야마**에서
다른그림 10개를 찾아보세요.

TIME LIMIT 5분

AIR MAIL

TIME LIMIT **5분**

NORMAL 01

인도 콜카타의 배낭여행자 그림에서
다른그림 10개를 찾아보세요.

TIME LIMIT 9분

NORMAL 02

아그라에 있는
인도 대표 건축물 **타지마할**에서
다른그림 10개를 찾아보세요.

TIME LIMIT **9분**

TRAVEL TO
DARJEELING IN INDIA

AIR MAIL

NORMAL 03

차 밭과 히말라야로 유명한
인도 다르질링에서
다른그림 10개를 찾아보세요❶

TIME LIMIT **9분**

NORMAL 04

차 밭과 히말라야로 유명한
인도 다르질링에서
다른그림 10개를 찾아보세요❷

TIME LIMIT **9분**

NORMAL 05

모스크바 붉은 광장에 있는
상트바실리 대성당에서
다른그림 10개를 찾아보세요.

TIME LIMIT **9분**

터키 이스탄불의 중심
갈라타사라이 다리에서
다른그림 10개를 찾아보세요.

TIME LIMIT 9분

터키 카파도키아에서 펼쳐지는
벌룬 투어 풍경에서
다른그림 10개를 찾아보세요.

TIME LIMIT 9분

다양한 표정의
유러피언과 아라비안을 바라보며
다른그림 10개를 찾아보세요.

TIME LIMIT **9분**

HARD 01

지하철 입구마저 아름다운
파리 시내 풍경에서
다른그림 15개를 찾아보세요.

TIME LIMIT **12분**

METROPOLITAIN

TIME LIMIT **12분**

HARD 03

한국인이 사랑하는
체코 프라하의 야경에서
다른그림 15개를 찾아보세요.

TIME LIMIT 12분

TIME LIMIT 12분

HARD 05

스페인 **세비야**의 메트로 **파라솔** 풍경에서
다른그림 15개를 찾아보세요.

🕐 TIME LIMIT **12분** ▶

○ ○ ○ ○ ○
○ ○ ○ ○ ○
○ ○ ○ ○ ○

HARD 06

세기의 미스터리인 **이집트 카이로의
피라미드**를 감상하는 관광객 풍경에서
다른그림 15개를 찾아보세요.

TIME LIMIT **12분**

TRAVEL TO DANAKIL
IN ETHIOPIA

AIR MAIL

TIME LIMIT 12분

HARD 08

살아 있는 활화산을 찾아 떠나는
에티오피아 **다나킬 여정**에서
다른그림 15개를 찾아보세요❷

TIME LIMIT **12분**

HARD 09

혼돈의 도시 케냐 나이로비에서
다른그림 15개를 찾아보세요.

TIME LIMIT 12분

도전! 챔피언 01

히말라야를 오르는 트레커 그림에서
다른그림 20개를 찾아보세요.

TIME LIMIT 15분 >>>

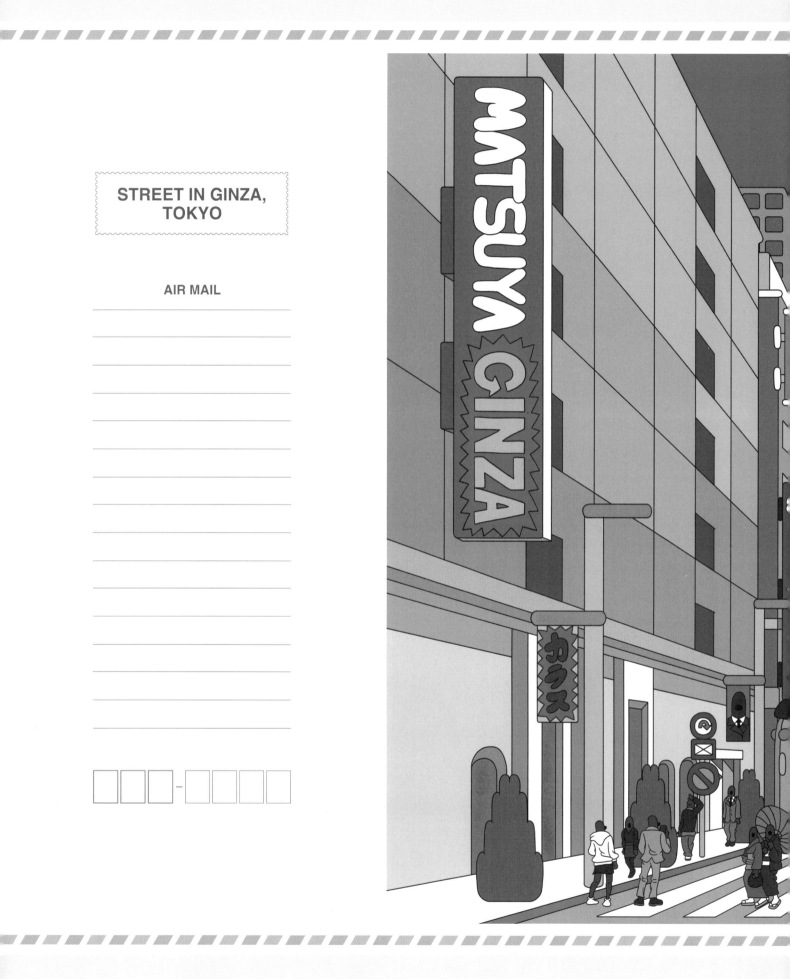

STREET IN GINZA,
TOKYO

AIR MAIL

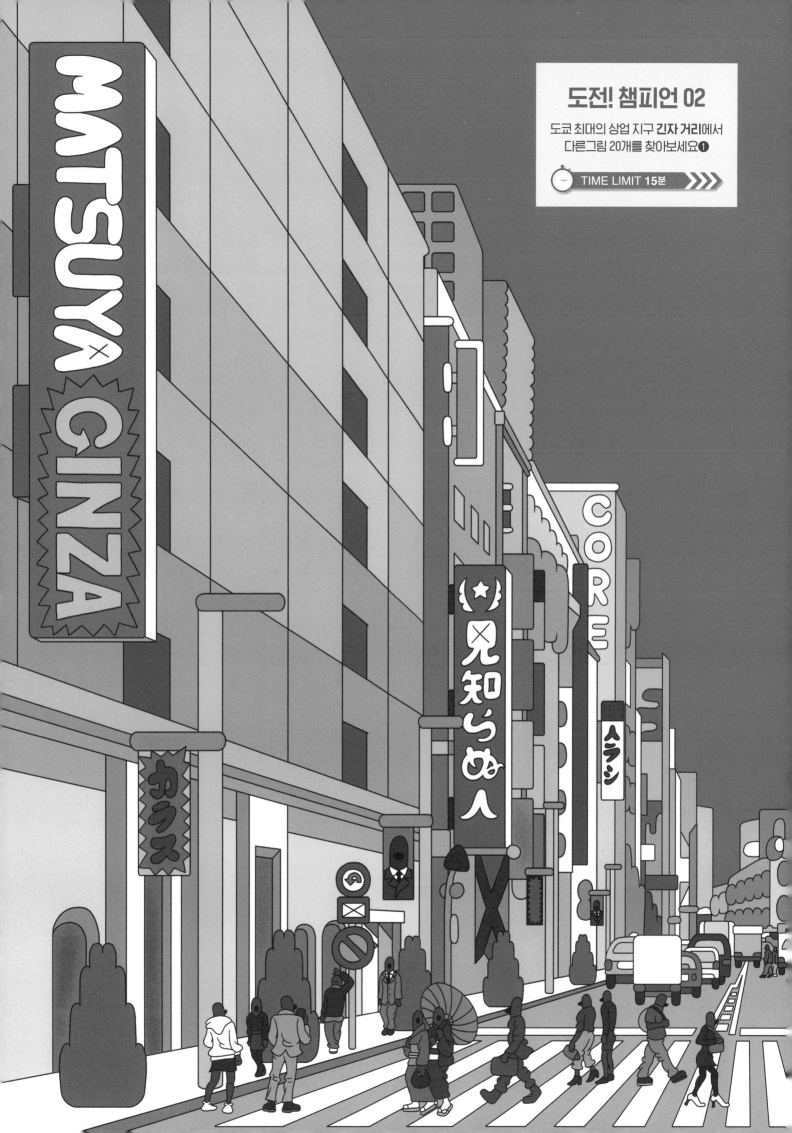

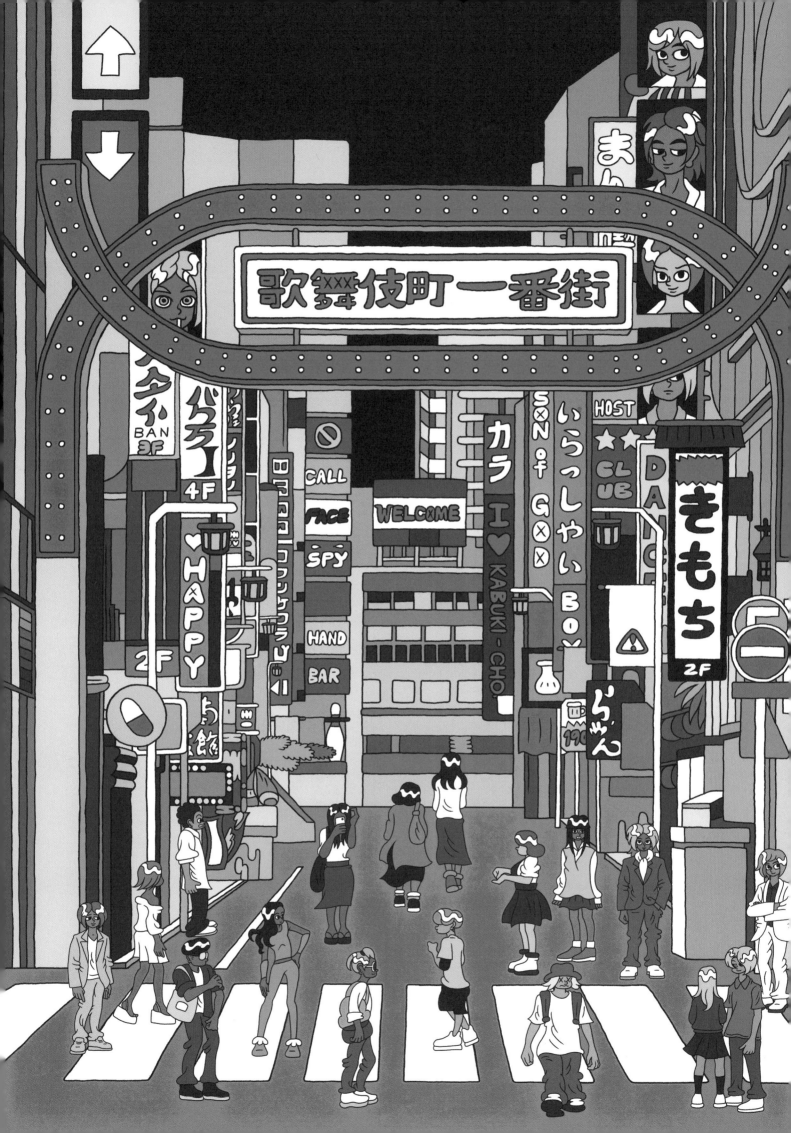

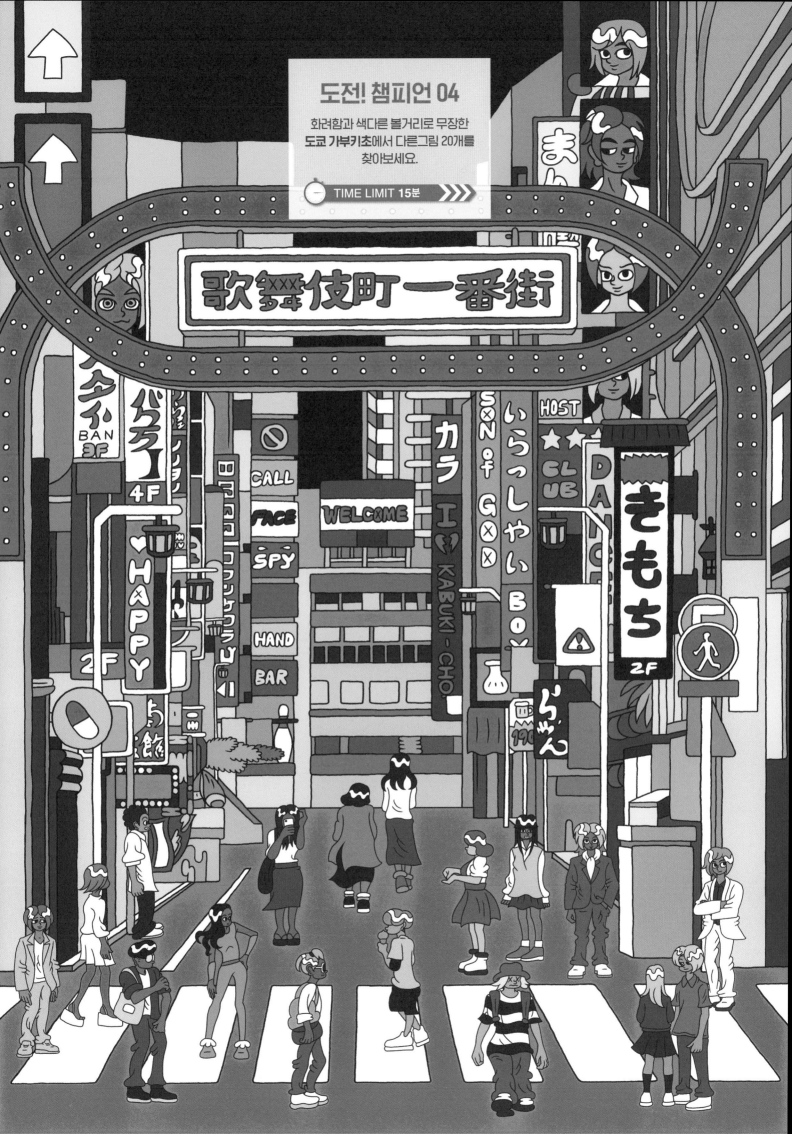

도전! 챔피언 05

인파로 북적이는 루브르 박물관의
<모나리자> 바라보며
다른그림 20개를 찾아보세요.

TIME LIMIT 15분

도전! 챔피언 06

카탈란이 모여 사는
바르셀로나 카탈루냐 맨션에서
다른그림 20개를 찾아보세요.

TIME LIMIT 15분 〉〉〉

TRAVEL TO KENYA ON
A HIPPY BUS

AIR MAIL

SOLUTIONS

01 태국 방콕의 카오산 로드

02 태국 방콕의 에까마이 거리와 가상의 숲

03 태국 방콕의 차뚜착 시장

04 싱가포르의 도심 풍경

05 중국 상하이의 동방명주 탑

06 일본 도쿄의 스카이 트리

07 일본 도쿄의 다이칸야마

08 홍콩의 침사추이 거리

09 홍콩의 센트럴 지구

10 다양한 표정의 아시안 피플

NORMAL

01 인도 콜카타의 배낭여행자

02 인도 아그라의 타지마할

03 인도의 다르질링 풍경❶

04 인도의 다르질링 풍경❷

05 러시아 모스크바의 상트바실리 대성당

06 독일 베를린의 크리스마스 준비

02 프랑스 파리의 에펠탑

01 프랑스 파리의 시내 풍경

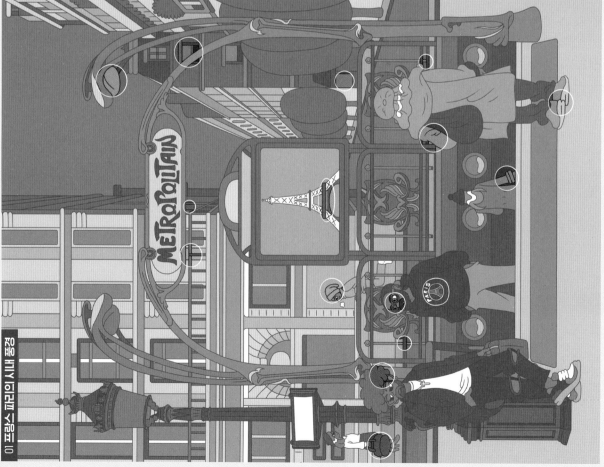

103

06 이집트 카이로의 피라미드

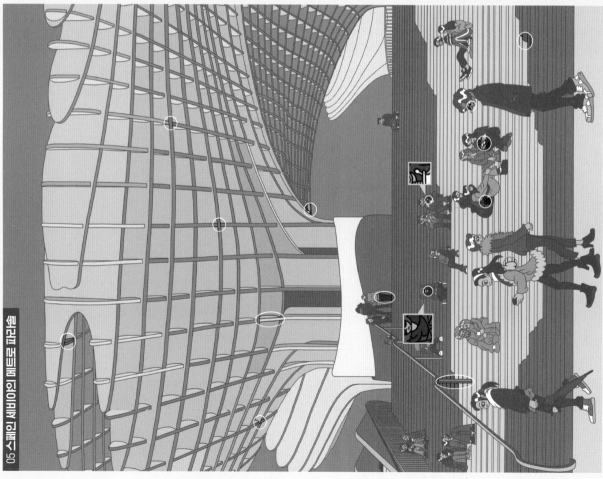

05 스페인 세비야의 메트로폴 파라솔

104

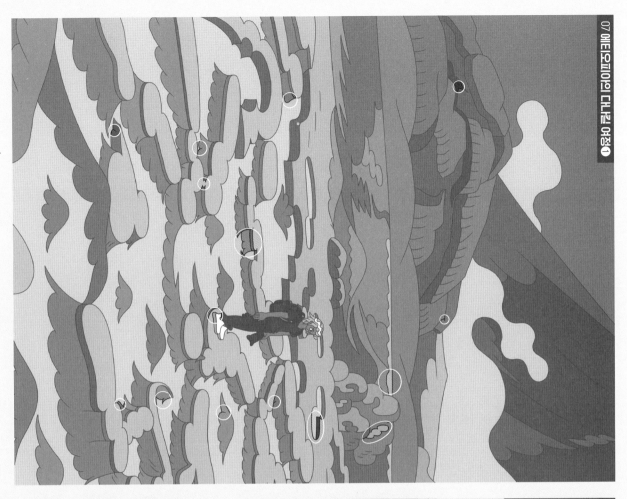

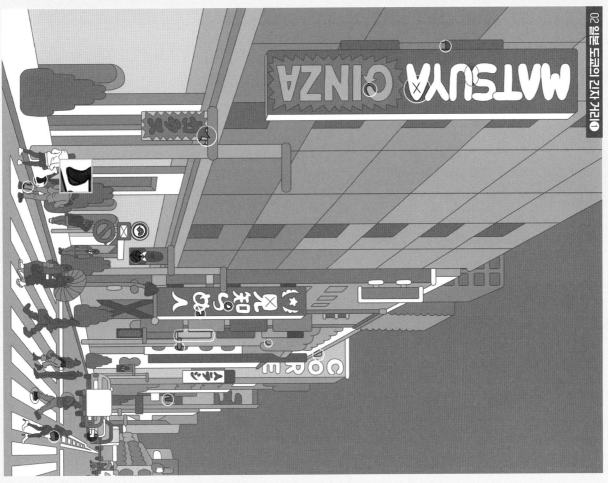

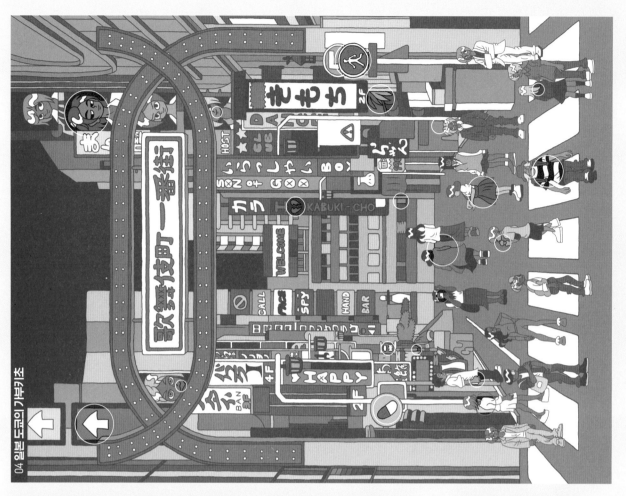

04 일본 도쿄의 가부키초

03 일본 도쿄의 긴자 거리②

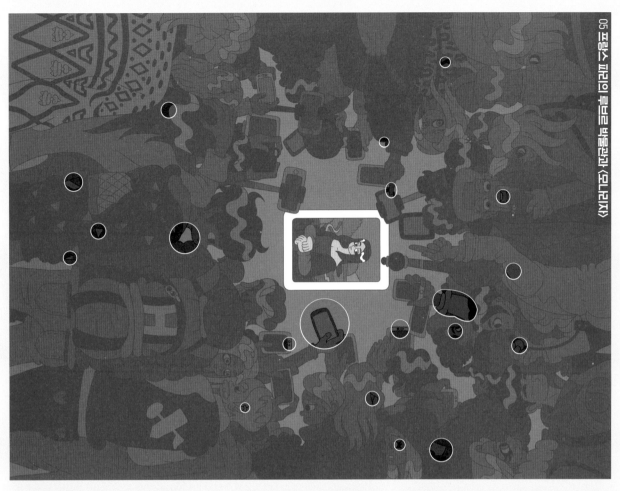

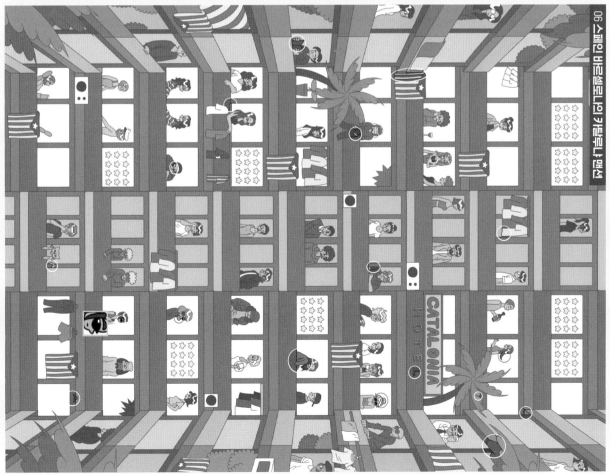

109

08 케냐의 히피 버스 풍경①

07 탄자니아의, 잔지바르 섬 풍경

110

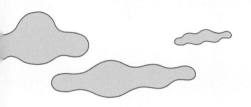

Coloring Note

지금부터는 컬러링 타임!

편안히 눈을 감고 여행의 순간을 상상하면서

머릿속에 떠오르는 색채와 이야기로 그림을 물들여보세요.

오늘 당신의 여행은 무슨 빛깔인가요?

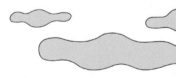

POLOVODIČOVÉ PRVKY A APLIKACE

POST - CARD

CORRESPONDENCE   ADDRESS

1	2	3	4	5	6	7	8	9	10	1	2	3	4	5
6	7	8	9	10	1	2	3	4	5	6	7	8	9	10
1	2	3	4	5	6	7	8	9	10	1	2	3	4	5
6	7	8	9	10	1	2	3	4	5	6	7	8	9	10
1	2	3	4	5	6	7	8	9	10	1	2	3	4	5
6	7	8	9	10	1	2	3	4	5	6	7	8	9	10
1	2	3	4	5	6	7	8	9	10	☺	☺	☺	☺	☺
1	2	3	4	5	6	7	8	9	10	11	12	13	14	15
1	2	3	4	5	6	7	8	9	10	11	12	13	14	15
1	2	3	4	5	6	7	8	9	10	11	12	13	14	15
1	2	3	4	5	6	7	8	9	10	11	12	13	14	15
1	2	3	4	5	6	7	8	9	10	11	12	13	14	15
16	17	18	19	20	1	2	3	4	5	6	7	8	9	10
11	12	13	14	15	16	17	18	19	20	1	2	3	4	5
6	7	8	9	10	11	12	13	14	15	16	17	18	19	20
1	2	3	4	5	6	7	8	9	10	11	12	13	14	15
16	17	18	19	20	1	2	3	4	5	6	7	8	9	10
11	12	13	14	15	16	17	18	19	20	☺	☺	☺	☺	☺

1	2	3	4	5	6	7	8	●	10	1	2	3	4	5
6	7	8	9	10	1	2	3	4	5	6	7	8	9	10
1	2	3	4	5	6	7	8	9	10	1	2	3	4	5
6	7	8	9	10	1	2	3	4	5	6	7	8	9	10
1	2	3	4	5	6	7	8	9	10	1	2	3	4	5
6	7	8	9	10	1	2	3	4	5	6	7	8	9	10
1	2	3	4	5	6	7	8	9	10	☺	☺	☺	☺	☺
1	2	3	4	5	6	7	8	9	10	11	12	13	14	15
1	2	3	4	5	6	7	8	9	10	11	12	13	14	15
1	2	3	4	5	6	7	8	9	10	11	12	13	14	15
1	2	3	4	5	6	7	8	9	10	11	12	13	14	15
1	2	3	4	5	6	7	8	9	10	11	12	13	14	15
1	2	3	4	5	6	7	8	9	10	11	12	13	14	15
16	17	18	19	20	1	2	3	4	5	6	7	8	9	10
11	12	13	14	15	16	17	18	19	20	1	2	3	4	5
6	7	8	9	10	11	12	13	14	15	16	17	18	19	20
1	2	3	4	5	6	7	8	9	10	11	12	13	14	15
16	17	18	19	20	1	2	3	4	5	6	7	8	9	10
11	12	13	14	15	16	17	18	19	20	☺	☺	☺	☺	☺